PÉTITION

A LA CHAMBRE DES DÉPUTÉS

DES DÉPARTEMENTS,

PAR J.-B. MAGLOIRE ROBERT, ANCIEN AVOCAT.

PÉTITION

A LA CHAMBRE DES DÉPUTÉS

DES DÉPARTEMENTS,

PAR J.-B. MAGLOIRE ROBERT, ANCIEN AVOCAT,

Auteur d'un ouvrage ayant pour titre :

CAUSES (EN PARTIE) INCONNUES des principaux événemens qui ont eu lieu en France depuis 32 ans, et Vie de l'Auteur, 3 vol. in-8° ;

CONTRE

Un acte arbitraire, contraire à la constitution et aux lois du royaume, requis par S. E. le secrétaire d'État, comte de Cazes, Ministre de la Police générale, et signé le 10 décembre 1817, par M. le comte Anglès, Ministre d'État, et Préfet de police de Paris, portant autorisation de se saisir de ses manuscrits, etc.

ET CONTRE

M. le comte de Cazes, pour avoir perçu inconstitutionnellement jusqu'à concurrence de 10,000 fr., à titre d'impôt, sous le nom de *Budget secret*, sur les feuilles de papier qui ont servi à l'impression du Journal le *Fidèle Ami du Roi*, suivant quittances détachées des souches des registres du *Budget secret*, déposés chez le trésorier de la caisse du ministère de la Police.

LA Chambre des Députés s'occupe du projet de la liberté de la presse ; et S. Ex. M. le comte de Cazes, ministre de la police, fait faire une ronde inquisitoriale dans les cabinets des avocats, des historiens, des propriétaires, etc., etc.

Pourquoi des ruisseaux de larmes sillonnent-ils en ce moment nos visages? Existe-t-il encore des sacrificateurs qui ont juré la ruine ou la mort des Français fidèles, se prosternant devant cette couronne qui ceignit la tête de l'immortel Henri IV, et le front victorieux de Louis XIV?... Non, nation fière et sage, on ne dira plus de ta métropole, ce qu'on a dit de l'antique Jérusalem: — « De tous ses amis, il n'en est pas un seul qui la console. » Les anciens de Sion ne resteront pas couchés sur la terre sans ouvrir la bouche; leurs têtes ne seront plus couvertes de cendres. »

La liberté de la presse, dont on n'a pas encore *abusé*, parce qu'on n'en a pas encore *usé*, comme l'a dit le député Ganilh dans la séance du 10 décembre, sera le symbole de cette parole céleste qui se divise, se communique et se propage d'un monde à l'autre, comme la flamme elle-même, sans perdre de son essence et de son activité. Malheur à celui dont l'étincelle électrique n'échaufferait pas l'âme ou la pensée, toujours pour le bien, jamais pour le despotisme, jamais pour l'anarchie! — Disons comme l'Éternel dit aux nues sur lesquelles porte son trône : Ouvrez-vous; que l'encens de la vérité, qui m'est agréable, monte jusqu'à moi.

La vérité! Elle est dans l'âme, dans la pensée; puis dans l'écriture, enfin dans la publicité.

J'étais dans cette extase sentimentale, je me complaisais dans cette piscine ancienne, dans laquelle doivent se purifier tous les nouveaux enfants adoptifs de l'autel et du trône, alors que je retraçais ces temps de désordres où les anges des ténèbres, entourés des rebelles qu'ils avaient séduits, prétendaient égaler en puissance le Dieu créateur des mondes.

Le Roi légitime est revenu au milieu de ses sujets. Interprète des saints mystères, il nous est apparu comme cet Alexandre dont l'Esprit saint a dit : — *La terre s'est tue en sa présence* . . . La trompette salutaire a sonné devant ses pas. . . Alors j'ai pris cette plume, qui a signé la révocation de cette sentence portant que Ninive devait périr, et je me suis empressé de publier cette sentence : « Où le délit abonde, la grâce se plaît à surabonder ».

C'est dans ce sens que j'avais réuni des matériaux précieux, pour prouver que le pardon du Roi avait commandé le repentir sincère, qui avait assuré à Ninive son existence.

Un historien est une personne sacrée ; c'est le sanctuaire des vérités du Très-Haut, quand il est l'une de ces racines saintes d'où la vie de la grâce circule dans les branches qui l'ont perdue.

Mais, hélas ! quelle raison impérieuse a porté M. le comte de Cazes, et par suite M. le comte Anglès, l'un ministre, et l'autre préfet de la police, à interrompre mes veilles, en faisant entrer, le 11 septembre à 7 heures du matin, un commissaire de police, M. Chevreau, deux officiers de police, MM. Golleau et Rivoire, et huit à dix recors de police dans mon appartement ?

C'est la quatrième inquisition qui a eu lieu chez moi au nom du Roi, et de par MM. les comtes de Cazes et Anglès.

Certes, un bon et loyal royaliste, dont la fidélité a la date de sa naissance, c'est-à-dir plus de cinquante ans, dont les tortures révolutionnaires n'ont rendu que plus vifs l'amour de la monarchie et le dévouement à la dynastie régnante pendant plus de trente ans, ne devait pas craindre *des coups d'autorité* au nom du Roi.

Je sais bien que quelques hommes qui ont servi un farouche despote, ne peuvent pas oublier, d'un jour à l'autre, les formes acerbes qui étaient usitées dans l'exécution des ses ordres ; mais sous un gouvernement paternel, l'inquisition doit avoir un principe, une mesure de justice. Tout agent de la puissance royale qui n'apporte pas, dans l'exercice de ses fonctions, cet esprit de constitutionnalité, d'équité et d'ordre, dont on nous recommande si souvent les principes, encourt nécessairement le blâme public.

Je ne parlerai pas ici de cette visite nocturne, où les agents de police firent lever ma famille en sursaut, et firent plus de 500 fr. de dégats dans ma maison. — C'étaient en grande partie les exploiteurs de Buonaparte! Violer la Charte, détruire la propriété, était une vieille habitude dont ils n'avaient pas encore pu se défaire, près de deux ans après la rentrée du Roi.

Je ne parlerai pas non plus de mon arrestation, de celle de mon fils, et de toutes les vexations qui ont mis ma fille, depuis cinq mois, aux portes du tombeau, fait périr plus de 40,000 fr. de ma fortune en une année . . . . . Mon âme pénétrée tour-à-tour de douleur et d'indignation trouvera toujours sa consolation dans le tabernacle de l'honneur.

Mais je parlerai de la ronde inquisitoriale faite le 11 décembre dans mon domicile ; et dans diverses maisons particulières de Paris.

C'est en vertu d'un ordre signé le 10 par M. le préfet de police de Paris, que ses gens ont fait ne descente dans mon cabinet.

Il est ainsi conçu : — « Ordonne de faire une visite et perquisition exacte (chez moi) de tous *manuscrits* imprimés ou *non*, libelles et pamphlets, tels que le Moniteur-Royal, le Furet, la Lettre à un Ministériel, et de s'en saisir, pour les déposer à la préfecture de police ».

En conséquence, ma bibliothèque, mes secrétaires, mes poches, mes armoires, mes lits, ont été fouillés pendant plus de trois heures ; ma famille a été gardée à vue, et mes enfants n'ont pu obtenir la faculté de se rendre à leurs devoirs.

Les perquisiteurs ont d'abord passé au creuset de leur censure une centaine d'exemplaires de mon ouvrage ayant pour titre : *Causes* (en partie) *inconnues de la Révolution*, qui circule librement dans le monde, et qui ne doit être *secret* que pour les journalistes, d'après les ordres du ministre de la police : après réflexions, les exemplaires n'ont pas été saisis.

Il n'en a pas été de même, quant au manuscrit de ce même ouvrage, destiné à parfaire le deuxième volume, et à compléter le troisième.

La minute, chargée de faits importants, dont partie est déjà livrée à l'impression, est tombée dans les mains des fouilleurs, et j'ai vu le moment où ils allaient sceller mon travail de dix ans.

Sur mes observations pressantes, et les menaces réitérées de poursuivre une violation aussi manifeste de la loi, les visiteurs m'ont rendu des manuscrits, excepté la copie de *l'Adresse des sept maires des communes près Lyon, à la Chambre des Députés*, qui forme une partie du deuxième volume, et une note confidentielle du 16 février 1816, *sur les abus du ministère de la police*, dans laquelle est intercalée un copie des dernières conclusions prises à la cour royale, par MM. Comte et Dunoyer, qui a servi de texte à l'un des chapitres de ce même volume ; puis un canevas d'un drame en faveur de la royauté, qui ont été scellés et emportés au dépôt de la police.

Enfin les visiteurs ont encore pris dans ma bibliothèque un volume fait il y a deux ans par M. Gerin-Rose-Tolozan, imprimé, avec le nom d'imprimeur, à Bruxelles, contenant l'historique des vexations qu'il a éprouvées de la part de M. le comte de Cazes, en sa qualité de vieux royaliste.

Je me suis opposé à cette saisie. On m'a répondu, *très-savamment*, qu'on avait reçu ordre de prendre tous ouvrages imprimés à l'étranger, qui n'avaient pas reçu le *visa* ministériel ; et par suite de cette nouvelle doctrine, qui peut bien autoriser la capture des livres étrangers, qui entrent, ou se vendent chez les marchands, en France, j'ai vu l'instant où Delolme, Blackstone, Addington, et une centaine d'ouvrages allemands, russes et espagnols, qui font partie de mon mobilier littéraire, allaient être portés à la préfecture de police.

On a fait la *grâce* aux milliers de brochures qui ont paru depuis trente ans, et qui font une galerie assez curieuse de matériaux utiles pour écrire l'histoire, de demeurer en paix dans ma bibliothèque.

Enfin, le procès-verbal constate qu'on n'a trouvé chez moi, ni *libelles*, ni *pamphlets imprimés*, ni *autres manuscrits que ceux dont je viens de parler* ; c'est-à-dire, il enlève au ministre de la police, le *prétexte* d'une nouvelle persécution.

Si je réfléchis maintenant sur la cause secrète de la visite domiciliaire, je vois qu'elle a pu être provoquée par une indiscrétion, qui est placée, *fort innocemment*, dans ma pétition, imprimée et remise à la Chambre des Députés le 8 de ce mois.

J'ai dit, dans cette pétition, que j'avais rassemblé dans le *secret* de mon *cabinet*, des pièces qui ne verraient le jour, que, quand on ne sera plus réduit *à louer*, ou *se taire*.

Alors, le ministre qui a préjugé, peut-être, que ces pièces pouvaient être un recueil précieux de quelques-uns de ses actes *privés*, en fait d'administration, a cru pouvoir les enlever *légalement* des mains du propriétaire, pour les garder dans ses bureaux, comme il détient encore les trente-trois pièces, et l'ouvrage de M. le vicomte de Châteaubriant, pris lors de mon arrestation, au 29 octobre 1816, malgré les pétitions et les vives démarches que j'ai faites pour les réclamer.

Delà, cette nouvelle visite dans mon cabinet et dans les autres pièces de mon appartement. Je rendrai, cependant, cette justice aux ordonnateurs et exécuteurs de l'ordre inquisitorial. — Ils n'ont pas fait cette fois trois jours de vacations de recherches; cette fois, comme pendant ma détention, ils n'ont pas remué la matière fécale de mes latrines.... *On s'améliore.*

On discute à la Chambre des Députés, la question de savoir, si on doit *adoucir* la rigueur de la loi d'octobre 1814, qui porte qu'il n'y a de publicité d'ouvrages, c'est-à-dire, de délit, ou de crime, qu'après leur distribution, postérieure au récépissé donné par la direction de la librairie, par une mesure toute nouvelle, et tout-à-fait *indulgente*, de saisir le manuscrit qui est sur les CASES de l'imprimeur.

Cette théorie d'arrêter la pensée, avant qu'elle ait été produite, puisque l'imprimerie n'est que son instrument, éprouve dans la discussion, une opposition qui, jusqu'à ce moment, paraît être formée, avec raison, par la majorité des orateurs... Cependant Son Excellence le ministre de la police, en contravention aux lois positives, même au projet de loi soumis aux débats de l'une des branches de la législature, s'est permis de faire emporter de mon cabinet, des manuscrits que je destinais à l'impression, pour faire partie d'un ouvrage, en trois volumes, annoncé par un prospectus, déposé à la direction, et dont le tome premier circule sous le cachet de l'autorité... Il a donné, par cette conduite, la *garantie* tant promise, de n'exécuter que les lois faites et à faire.

Prendre mes manuscrits, dans mon porte-feuille, c'est-à-dire, enlever mon âme, mes pensées, de mon cabinet, pour les transporter à la préfecture de police, c'est une violation de la Charte, qui permet de rassembler des matériaux pour former un corps d'ouvrage ; c'est une violation de la loi d'octobre 1814, qui n'autorise la saisie de la pensée imprimée, que quand elle a été publiée par la voie d'impression ; c'est même une violation criante et criminelle, du projet de loi, maintenant livré à la discussion.... Que M. le Conseiller d'état, Siméon, qui disait dans la séance de la chambre du 13 de ce mois, que l'autorité ne pouvait se permettre de fouiller dans le secret des cabinets, pour enlever les manuscrits du génie, se constitue le précepteur d MM. les comtes de Cazes et Anglès, pour leur apprendre les préceptes de son évangile !

Qu'y a-t-il donc maintenant de sacré dans ce monde ? Un historien ne pourra pas réunir les brochures, les livres qui paraissent, pour les juger et classer sur ses tablettes ; il ne pourra pas même rédiger, pour sa propre satisfaction, les faits de chaque jour, dans la crainte que la police ne vienne lui enlever le fruit de ses travaux et de ses observations !

Que la police saisisse les ouvrages imprimés, après leur publicité chez l'auteur, l'imprimeur, les libraires ; elle a pour droit et garantie, une loi existante ! qu'elle saisisse les manuscrits travaillés par les imprimeurs, comme le veut le *doux* projet de loi, quand il sera un article de législation ; elle aura, encore, une excuse légale ; mais qu'elle fasse des visites domiciliaires chez 20 propriétaires à la fois, qui ne sont ni imprimeurs, ni libraires, pour détourner leurs manuscrits, et même saisir les brochures que des auteurs connus, ou inconnus, leur font parvenir ; c'est le comble de la tyrannie ; c'est un acte arbitraire ; c'est un fait condamnable.

Mais, admirons tous, petits et grands, les sublimes efforts de ce génie, qui croyant esquiver les poursuites des opprimés, se hâte d'envoyer les mêmes manuscrits devant l'autorité judiciaire.

En effet, MM. les comtes de Cazes et Anglès, sans s'arrêter à l'énonciation du procès-verbal des commissaires et officiers de police, portant qu'il *n'a rien été trouvé de suspect chez moi !* obtiènent du ministère de l'homme de la loi, qu'il décerne contre tous ceux dont ils ont troublé le repos, visité les secrets de famille, des mandats de comparution.

Poursuivra-t-on ces messieurs devant les Chambres? Ils diront : les affaires dénoncées par les pétitionnaires, sont renvoyées devant les tribunaux ; et les tribunaux seuls, sont chargés de les juger... Subtilité chicanière !

C'est cependant là le parti que vièrent de prendre ces deux membres d'autorité, tant envers moi, qu'à l'égard de plusieurs autres propriétaires, chez lesquels ont été faites des visites domiciliaires.

J'ai reçu, pour ma part, un libelle judiciaire, ainsi conçu :

« Nous François Meslier, juge d'instruction près le tribunal civil, etc. Mandons de citer à comparaître devant nous, en notre cabinet, au palais de justice, à Paris, le 16 de ce mois, heure de midi, le sieur Robert, avocat, etc., à l'effet d'y être interrogé et entendu sur les faits à lui imputés, lui déclarant qu'à faute par lui de ce faire, il sera contre lui décerné mandat d'amener ; à l'effet de quoi, nous avons signé le présent, scellé de notre sceau. — Le 12 décembre, signification, en conséquence, à la requête de M. le procureur du Roi, par Hurteau, huissier, à la date du même jour 12 ».

Ainsi ma pensée manuscrite est saisie, et ma personne est en mandat de comparution.

J'ai comparu, et le procès verbal constate que l'inculpation réside dans mes manuscrits saisis.

Mais aussi, j'ai deux membres d'autorité à poursuivre devant les Chambres, comme coupables d'empiétement sur les deux branches de la législation, et en même temps comme ordonnateurs d'actes arbitraires contraires à la constitution et aux lois de l'Etat.

Ier CHEF DE DÉNONCIATION.

ACTE ARBITRAIRE.

» *MM. les comtes de Cazes et Anglès, en leurs qualités de Ministre, et de Préfet de police, ont fait faire une perquisition dans mon cabinet, et emporter partie de mes manuscrits, au mépris de la Charte qui déclare toutes les propriétés inviolables ; au mépris de la loi du 21 octobre 1814, et de celle du 28 février 1817, qui dispensent de toute censure, les écrits qu'on veut faire imprimer, et qui ne rendent saisissables et susceptibles de poursuites, que les ouvrages imprimés, publiés ou distribués.*

La discussion lumineuse qui a eu lieu, dans la Chambre des Députés, sur la liberté de la presse, aurait dû apprendre à ces deux ministres, qu'il n'est permis à aucunes autorités, de détourner du porte-feuille des auteurs, *leurs manuscrits* ; que la pensée qui est dans leurs entrailles, ou qui est couchée sur leur papier, est un objet de respect et d'inviolabilité.

Ces vérités sont écrites dans notre législation, comme elles sont tracées dans le grand livre de la raison.

M. Faget de Baure, rapporteur du projet de loi, et tous les députés qui ont parlé après lui, ont soutenu la doctrine morale du commissaire du Roi, M. Siméon ; c'est que les manuscrits, qui sont dans les porte - feuilles des auteurs ne peuvent êtes vus, visités, pris et jugés par aucune autorité. Enfin, la Cour de Cassation a établi, comme dogme judiciaire, que la *publicité seule* constitue le délit ou le crime.

Les ministres s'imaginent-ils qu'il n'y a pas de

lois qui garantissent les citoyens contre les violations de ces principes ? Ils sont dans l'erreur.

Le Sénatus-consulte, du 28 floréal an 12, a défini les délits de la responsabilité d'*office* des ministres. — Paragraphe III de l'article 101. — Des moyens de dénonciation, pour cause de la violation de la liberté de la presse, ff. 8 du même article. — L'article 60 et les articles qui suivent, déclarent criminels les ordres donnés par les ministres, de faire *quelque* acte arbitraire, attentatoire à la liberté individuelle, soit aux droits civiques d'un ou de plusieurs citoyens, *soit aux Constitutions de l'Empire*.

Enfin, par son article 110, il autorise la dénonciation au Corps législatif, pour que ce Corps dénonce lui-même (à la Chambre des Pairs), les ministres s'ils ont donné des ordres contraires aux constitutions et aux lois de l'État.

Le Code pénal, toujours en vigueur, prononce la peine du bannissement contre les ministres, coupables du *crime* énoncé ci-dessus.

La Charte royale a ajouté à cette criminalité, celle de la trahison et de la *concussion*, article 56, et elle a maintenu en force, article 68, le Code civil et les lois actuellement existantes, jusqu'à ce qu'il y soit *légalement dérogé*.

M. le garde des sceaux, dans le projet de loi, présenté l'an dernier, sur la responsabilité des ministres, n'a-t-il pas mis aussi, comme il est placé dans le sénatus-consulte, au rang des crimes, les actes ministériels qui sont un empiétement sur la puissance législative; principe, d'ailleurs, qui découle de la Charte elle-même, qui, art. 15, a divisé la nature des pouvoirs?

Or, dès l'instant qu'il existe des lois qui dé-

Tendent aux ministres d'arracher des mains des auteurs, leurs manuscrits, leur pensée isolée; les ministres qui agissent dans un sens différent, donnent des *ordres contraires aux constitutions et aux lois de l'Etat;* et c'est tout au moins un acte arbitraire, dont les conséquences sont effrayantes, dans une société constituée.

La preuve de l'ordre ministériel de saisir tous *mes manuscrits,* est dans le mandat, dont j'ai donné copie ci-dessus. La preuve de son exécution est dans le procès-verbal des capteurs, qui spécifie la nature des pièces enlevées chez moi. — Craignez, MM. les Députés, que le ministre de la police ne donne aussi l'*ordre* d'aller saisir, dans votre comité des pétitions, l'original de l'adresse des maires près Lyon! Il n'y a pas plus de raison d'en prendre sur mon bureau, une copie fidèle, et sans aucune annotation, qu'il y en aurait, d'en prendre l'original, dans les lieux de vos dépôts.

Cet ordre ministériel, exécuté violemment dans mon cabinet, est donc accusable, punissable par les lois.

Je le dénonce à la Chambre des Députés, pour qu'elle en vérifie et constate la moralité, et elle jugera, s'il n'est pas très-urgent de prendre en considération, un acte arbitraire, aussi violateur des principes, aussi hardi, dans un moment où elle discute le point de savoir, si elle autorisera d'aller chez l'imprimeur, saisir le manuscrit, mis en travail, pour être publié.

IIme CHEF DE DÉNONCIATION,

CONCUSSION.

Aucun impôt ne *peut* être établi, ni perçu, s'il n'a été consenti par les deux Chambres, et sanctionné par le Roi. Art. 48 de la Charte.

Voilà l'exclusion. Le principe en est fondamental.

Depuis quelques tems, tous les écrivains se récrient contre un *impôt* établi et perçu par M. le comte de Cazes, sur les feuilles périodiques, ces feuilles, filles de la constitution, et qui ne sont retenues dans leur marche, que par les lois *réprimant* leur élan.

Une loi a défendu leur publication, sans l'autorisation du Roi ; elle est née de circonstances, elle n'est que temporaire ; une autre loi n'assujétit ces feuilles qu'à un seul impôt, celui de trois centimes.

Cependant, le ministre de la police, de sa toute-puissance, a aggravé cet impôt, par un accessoire d'un centime et demi ; de manière que les Chambres et le Roi, ne les frappent que de trois centimes ; et que la volonté d'un ministre, bien plus puissante que la loi, les charge d'un fardeau de quatre centimes et demi.

L'impôt supplétif ne devait être que ministériel, cependant il est national. National, en ce sens que les propriétaires de journaux, qui n'avaient fait contribuer le lecteur, que jusqu'à concurrence de 15 francs par trimestre d'abonnement, pour lui faire supporter l'impôt légal, ont été obligés d'élever cet abonnement jusqu'à 18 francs, pour pouvoir acquitter en même tems, l'impôt ministériel.

C'est donc le peuple qui paie l'impôt, établi et perçu par la seule autorité du ministre, qui d'abord ne l'avait porté qu'à un centime, qui ensuite l'a porté à un centime et demi, et qui peut, après la session, le porter à 3 centimes, si c'est son bon plaisir.

Croit-on que le ministre rende compte des 878,500 fr. que cet impôt inconstitutionel et arbitraire fait verser chaque année dans sa caisse? Non ; il prend l'argent, et le distribue comme il veut.

L'esprit de cet impôt est de toute immoralité, puisque, d'après la décision du ministre, à la date du premier juillet 1816 (1), il se ré-

____

(1) A compter du premier juillet présent mois, il ne sera accordé des permissions de timbre qu'en payant la rétribution entière du centime et demi, et en acquittant le demi-centime exigible pour les déclarations du mois de juin, dont le décompte est établi ci-dessus.

A compter du premier août 1816, ceux de MM. les éditeurs qui n'auraient pas soldé l'arriéré du demi-centime pour les neuf mois, du premier septembre 1815 au premier juin 1816, ou qui ne rapporteront pas à la caisse une décharge spéciale de son Exc., seront considérés comme ayant renoncé à la publication de leurs journaux.

Son Exc. se réserve d'accorder, à l'expiration de chaque mois, les remboursemens qu'elle jugera convenables sur le demi-centime perçu à la déclaration, à ceux des journaux qui lui paraîtront susceptibles de cette faveur.

Décision de S. Exc. en date du premier juillet 1816.

Le trésorier du ministère, chef de la division des fonds.

Envoi du 5 juillet 1816.

serve la faculté d'*en affranchir ceux des jour-*
nalistes qui seront dignes de cette faveur ;
ce qui veut dire : Louez - moi , louez mes actes ,
appelez-moi le pivot de la royauté , et je vous
ferai rentrer les 12 à 14,000 fr. que vous avez
payés , pour satisfaire à mon impôt , pendant
un mois.

Il est inconstitutionnel, puisque la Charte le
désavoue.

Il est concussionnaire , puisqu'aucune loi ne
l'établit.

Il est arbitraire , puisque sa quotité est aussi
variable que la tête de son créateur.

Il est oppressif, puisqu'il pèse sur une classe
d'hommes toute particulière , et sur celui de
ces hommes qui ne parle pas le langage ministériel.

Enfin, il est secret, c'est-à-dire, caché à l'œil
de la Chambre, du contrôle du peuple. Aussi
est-il bien intitulé : *Budget secret.*

Voici comment cet impôt de concussion se
perçoit. Le journaliste va déclarer à la police qu'il
est dans l'intention de faire timbrer une rame de
papier. Le trésorier de la police échange son
permis contre dix francs qu'on lui paye ; il
donne l'autorisation imprimée pour le receveur
du timbre , et une quittance de payement pour
sa décharge ; de façon qu'au lieu d'acquitter
5 centimes de droit de timbre, conformément à
la loi , il paye quatre centimes et demi.

Les quittances sont coupées d'un registre à
souches , et il est aisé de vérifier jusqu'à quelle
somme est porté chaque mois le droit de concussion.

Voilà le monopole des Journaux dont ont parlé MM. Ganilh et de Villèle.

Le ministre aura beau dire que cet argent sert à payer des pensions à quelques hommes de lettres ; on lui répondra qu'il n'est pas maître de distribuer cette faveur, et que ce moyen, qui ne serait que corrupteur, est repoussé par la saine morale.

Il dira encore que c'est là la condition attachée au privilège des Journaux : on lui répondra que cet impôt n'a pris naissance que depuis les autorisations de faire les journaux, qu'aucun journaliste n'a contracté cet engagement, et que la loi ne l'avoue pas. L'impôt n'est payé que forcément.

Si le ministre insiste si fortement à ce que les journaux restent encore temporairement sous sa direction spéciale, c'est non-seulement pour se rendre le régulateur de l'esprit public, mais encore pour lever une contribution qui n'est profitable qu'à son ministère.

Une ordonnance du Roi ne pourrait pas même, dans notre système représentatif, autoriser un abus, un délit aussi visible.

J'ai été forcé de payer 10,000 fr. à M. le comte de Cazes, qui les a exigés de moi, à titre de concussion, dans le sens de la Charte ; je les réclame.

L'intérêt public s'oppose à ce que cette concussion se lève, se perçoive sur les journalistes ; je la dénonce.

Signé ROBERT.

DE L'IMPRIMERIE DE C.-F. PATRIS, rue de la Colombe, n° 4, quai de la Cité.